Geschichten wie kostbare Perlen

Willi Hoffsümmer (Hg.)

Geschichten wie kostbare Perlen

Grünewald

Meiner Schwester Annetraud

CIP-Kurztitelaufnahme der Deutschen Bibliothek
Geschichten wie kostbare Perlen / hrsg. v. Willi Hoffsümmer
1. Aufl. – Mainz: Matthias-Grünewald-Verlag, 1984
ISBN 3-7867-1131-3
NE: Hoffsümmer, Willi (Hrsg.)

Umschlag: Peter Offenberg Grafik, Mainz
Umschlagfoto: Maria Glasmacher
Satz: Georg Aug. Walter's Druckerei GmbH, 6228 Eltville am Rhein
Herstellung: Dieter Hoffmann, Mainz-Ebersheim

Inhalt

Die Spinne

Eines schönen Morgens glitt vom hohen Baum am festen Faden die Spinne herab. Unten im Gebüsch baute sie ihr Netz, das sie im Laufe des Tages immer großartiger entwickelte und mit dem sie reiche Beute fing.
Als es Abend geworden war, lief sie ihr Netz noch einmal ab, um es auszubessern. Da entdeckte sie auch wieder den Faden nach oben, an dem sie heruntergestiegen war. Sie hatte ihn in ihrer betriebsamen Geschäftigkeit ganz vergessen. Da sie schlecht gelaunt war und auch nicht mehr wußte, wozu er diente, hielt sie ihn für überflüssig und biß ihn kurzerhand ab.
Sofort fiel das Netz mit ihr in die Tiefe, wickelte sich um sie wie ein nasser Lappen und erstickte sie.

»Als ich noch kleiner war, merkte ich nichts. Aber als ich dann heranwuchs und mich selbst betrachtete, fiel mir der Unterschied auf. Ich war klein, knorrig, ein wenig krumm und verwachsen und klammerte mich mit vielen Wurzeln an den Felsen. Die anderen Bäume, die ich sehen konnte, waren dagegen prächtig: machtvolle Buchen mit einer riesigen Krone, hohe schlanke Tannen und Bergahorn, der im Herbst herrlich gelb leuchtete. Ich stehe, müßt ihr wissen, an einer Felswand, auf einem schmalen Vorsprung, und habe meine Wurzeln in das bißchen Erde und in die Felsritzen gekrallt. Ich wollte immer groß und schön werden, meine Krone im Wind wiegen und meine Blätter vom Regen streicheln und von der Sonne trocknen lassen. Aber ich blieb ziemlich klein; der Wind fegte durch meine Äste, wenn er auf die Felswand zubließ, die Sonne wärmte mich nur bis zum Mittag, bevor sie hinter der Felswand verschwand und nur die schönen Bäume im Tal und am gegenüberliegenden Berghang beschien.
Warum mußte ich gerade hier stehen? Aus dem bißchen Erde konnte ich nicht genug Kraft schöpfen, um heranzuwachsen und all meine Schönheit, die in mir steckte, zu entfalten. Ich war unzufrieden mit meinem Schicksal. Warum mußte ich so sein und so werden?
Eines Tages an einem schönen Vorfrühlingsmorgen, als die Erde vom Tal bis zu mir herauf duftete, die Singdrosseln ihr Lied begannen und mich die allerersten Sonnenstrahlen küßten, durchrieselte es mich warm und wohlig. Was für eine herrliche Aussicht! So weit wie ich konnte kaum ein anderer Baum ins Tal sehen. Die Felswand hinter mir beschützte mich vor der eisigen Kälte, die vom Gletscher herunterwehte.
Von diesem Tag an begann ich nachzudenken, und langsam wurde mir klar: Ich bin, so wie ich bin, etwas Besonderes. Meine Besonderheit ist mein krummer Stamm, sind meine knorrigen Wurzeln, meine kurzen, kräftigen Äste. Ich passe hier an meinen Platz und bin etwas wert. Ich muß nur die Augen aufmachen und mich richtig ansehen. Die anderen Bäume, die Tannen am Hang gegenüber und die Buchen im Tal haben ihre Schönheit und sind richtig an dem Platz. Aber auch ich habe meinen Platz und bin richtig auf meinem schmalen Felsvorsprung. Warum hat es nur so lange gedauert, bis ich das erkannt habe?«

Der Prinz

Es war einmal ein Prinz, weit drüben im Märchenland.
Weil der nur ein Träumer war, liebte er es sehr, auf einer Wiese nahe dem Schlosse zu liegen und träumend in den blauen Himmel zu starren. Denn auf dieser Wiese blühten die Blumen größer und schöner denn sonstwo.
Und der Prinz träumte von weißen, weißen Schlössern mit hohen Spiegelfenstern und leuchtenden Söllern.
Es geschah aber, daß der alte König starb. Nun wurde der Prinz sein Nachfolger. Und der neue König stand nun oft auf den Söllern von weißen, weißen Schlössern und mit hohen Spiegelfenstern.
Und er träumte von einer kleinen Wiese, wo die Blumen größer und schöner blühten denn sonstwo.

Als Rabbi Schmelke und sein Bruder zum Maggid gekommen waren, brachten sie dies vor: »Unsere Weisen haben ein Wort gesprochen, das uns keine Ruhe läßt, weil wir es nicht fassen können. Das ist das Wort: der Mensch solle Gott für das Übel lobpreisend danken.«
Der Maggid antwortete: »Geht in das Lehrhaus, da werdet ihr Sussja finden, wie er seine Pfeife raucht. Er wird euch die Deutung sagen.«
Sie gingen ins Lehrhaus und legten Rabbi Sussja ihre Frage vor.
Er lachte: »Da habt ihr euch den Rechten ausgesucht! Ihr müßt euch schon an einen andern wenden und nicht an einen wie mich, dem zeitlebens kein Übel widerfuhr.«
Sie aber wußten: Es war Rabbi Sussjas Leben vom Tag seiner Geburt an bis zu diesem Tag aus Not und Pein ohne andern Einschlag gewoben.
Da verstanden sie, was es heißt, Leid in Liebe empfangen.

Die kostbare Perle

Tief im Meer lag eine Muschel.
Sie hatte ihre Schalen geöffnet und ließ das Wasser genießerisch über ihre Zunge fließen.
Plötzlich spürte sie etwas Hartes, Spitzes. Ein kleiner Stein hatte sich in ihr festgesetzt.
Sie streckte ihren Muskel, um den Eindringling loszuwerden.
Umsonst! Der lästige Stein blieb liegen. –
Langsam bildete sich um ihn herum eine Perlmutterschicht.
Nach vielen Jahren war aus dem Stein eine Perle geworden.
Als ein Fischer eines Tages die Muschel fand, freute er sich sehr.
Was einmal lästig und schmerzlich war, das war zu einer Perle geworden.

Zu einem einsamen Mönch kamen eines Tages Menschen.
Sie fragten ihn: »Was für einen Sinn siehst du in deinem Leben der Stille?«
Der Mönch war eben beschäftigt mit dem Schöpfen von Wasser aus einer tiefen Zisterne. Er sprach zu seinen Besuchern: »Schaut in die Zisterne! Was seht ihr?«
Die Leute blickten in die tiefe Zisterne.
»Wir sehen nichts.«
Nach einer kurzen Weile forderte der Einsiedler die Leute wieder auf: »Schaut in die Zisterne! Was seht ihr?«
Die Leute blickten wieder hinunter. »Ja, jetzt sehen wir uns selber!«
Der Mönch sprach:
»Schaut, als ich vorhin Wasser schöpfte, war das Wasser unruhig. Jetzt ist das Wasser ruhig.
Das ist die Erfahrung der Stille: Man sieht sich selber!«

Noch staunen können

Der Leiter hatte einige Stammesführer der Wüstenbewohner zu einem kräftigen Wasserfall gebracht. Dumpf rauschend fiel er herab. Sie hatten sofort von dem Wasser gekostet. Es war süß.
Sie standen stumm und starrten auf diese Wasserfülle. Wasser, das in der Wüste sein Gewicht in Gold wert ist! Es war ihnen, als wenn die Wasservorräte der ganzen Welt aus einem lecken Speicher auszulaufen drohten.
Schließlich sagte der Leiter der Gruppe: »Gehen wir weiter!« Sie aber rührten sich nicht von der Stelle und baten nur: »Noch einen Augenblick!«
Weiter sprach keiner ein Wort. Stumm und ernst schauten sie: Hier lief aus dem Bauch des Berges soviel heiliger Lebensstoff, daß er ganze verschmachtende Karawanen zum Leben erwecken könnte.
Hier zeigte sich Gott für sie sichtbar. Hier konnte man nicht einfach weitergehen.
Der Führer mahnte wieder: »Weiter ist hier nichts zu sehen. Kommt!«
Sie antworteten:
»Nein. Wir müssen warten!«
»Worauf denn?«
»Bis es aufhört!«

Der Wert eines Brotes

Einen aufschlußreichen Test unternahm kürzlich ein englischer Journalist: Er kaufte ein Dreipfundbrot und stellte sich damit an belebte Straßenecken verschiedener Städte. Die Vorübergehenden forderte er auf, für dieses Brot eine Stunde lang zu arbeiten.
Seine Ergebnisse: In Hamburg wurde er ausgelacht.
In New York von der Polizei festgenommen.
Im afrikanischen Nigeria waren mehrere Personen bereit, für dieses Brot drei Stunden zu arbeiten.
Im indischen New Delhi hatten sich rasch mehrere hundert Personen angesammelt, die alle für dieses Brot einen ganzen Tag arbeiten wollten...

Die Fußspuren Gottes

Ein französischer Gelehrter durchstreift die Wüste und hat sich als Führer einige Araber mitgenommen. Beim Sonnenuntergang breiten die Araber ihre Teppiche auf den Boden und beten.
»Was machst du da?« fragte er einen.
»Ich bete.«
»Zu wem?«
»Zu Allah.«
»Hast du ihn jemals gesehen – betastet – gefühlt?«
»Nein.«
»Dann bist du ein Narr!«
Am nächsten Morgen, als der Gelehrte aus seinem Zelt kriecht, meint er zu dem Araber: »Hier ist heute Nacht ein Kamel gewesen!«
Da blitzt es in den Augen des Arabers: »Haben Sie es gesehen, betastet, gefühlt?«
»Nein.«
»Dann sind Sie aber ein sonderbarer Gelehrter!«
»Aber man sieht doch rings um das Zelt die Fußspuren!«
Da geht die Sonne auf in all ihrer Pracht. Der Araber weist in ihre Richtung und sagt: »Da, sehen Sie: die Fußspuren Gottes!«

Während seines Pariser Aufenthaltes ging Rilke täglich um die Mittagszeit in Begleitung einer jungen Französin an einer alten Bettlerin vorbei. Stumm und unbeweglich saß die Frau da und nahm die Gaben der Vorübergehenden ohne jedes Anzeichen von Dankbarkeit entgegen. Der Dichter gab ihr zur Verwunderung seiner Begleiterin, die selbst immer eine Münze bereit hatte, nichts.
Vorsichtig darüber befragt, sagte er: »Man müßte ihrem Herzen schenken, nicht ihrer Hand.«
An einem der nächsten Tage erschien Rilke mit einer wundervollen, halberblühten Rose. Ah, dachte das Mädchen, eine Blume für mich, wie schön! Aber er legte die Rose in die Hand der Bettlerin.
Da geschah etwas Merkwürdiges: Die Frau stand auf, griff nach seiner Hand, küßte sie und ging mit der Rose davon.
Eine Woche lang blieb sie verschwunden.
Dann saß sie wieder auf ihrem Platz, stumm, starr wie zuvor.
»Wovon mag sie die ganzen Tage gelebt haben?« fragte das Mädchen.
Rilke antwortete: »Von der Rose!«

Einsam oder gemeinsam?

Ein Weizenhalm steht einsam auf dem kahlen Feld. Wie schön, denkt er, kein Ärger mit anderen Leuten. Er merkt gar nicht, wie hohl die Ähre bleibt.
Der Sturm tobt übers Feld. Der Halm knickt um, liegt tot am Boden.
Es gibt kein Brot.

Ein Weizenfeld dagegen: Wie Brüder und Schwestern dicht beieinander die vielen Halme mit brotgeladenen Ähren.
Der Sturm tobt übers Feld. Die Halme stehen und geben sich Halt. Sie bauen einander ein bergendes Haus.
Und drinnen wächst das Brot.

Schenken macht nicht ärmer

Die Sonne zog am Himmel hin, heiter und stolz auf ihrem Feuerwagen. Voller Freude streute sie ihre goldenen Strahlen nach allen Seiten, zum großen Ärger einer grauen, schlechtgelaunten Wolke, die murrte: »Verschwenderin, Vergeuderin, wirf deine goldenen Strahlen nur weg, wirf sie nur weg, du wirst schon sehen, was du am Schluß übrigbehältst.«

Jede kleine Traube, die im Weinberg auf ihrem Rebstock reifte, holte sich in der Minute einen goldenen Sonnenstrahl, ja sogar zwei, und da waren kein Grashalm, keine Spinne, keine Blume, kein Wassertropfen, die sich nicht ihren Teil Sonne genommen hätten.

»Laß dich nur von allen ausrauben, du wirst schon sehen, wie sie dir dafür danken, später, wenn du nichts mehr hast«, brummte die Wolke. Die Sonne aber setzte fröhlich ihre Reise fort und verschenkte großmütig ihre Strahlen nach rechts und links, Millionen, Milliarden goldener Strahlen.

Erst als die Dämmerung heraufkam, zählte sie die Strahlen, die ihr geblieben waren: Und schaut her! Es fehlte ihr nicht einer. Keiner. Nicht ein einziger.

Die graue Wolke aber, von Staunen und Zorn übermannt, platzte in lauter eisige Hagelschloßen auseinander. Die Sonne aber tauchte fröhlich ins Meer.

Ein Kreis der Freude

Zu einem Kloster kommt eines Tages ein Landwirt.In der Hand hat er eine große Weintraube mit herrlich saftigen Beeren. Er geht zum Bruder an der Pforte, den er sehr gut kennt.
»Bruder Pförtner, ich habe die schönste Weintraube aus meinem Weinberg mitgebracht. Raten Sie mal, wem ich damit eine Freude machen will?« Der Bruder überlegt. »Wahrscheinlich dem Abt oder sonst einem Pater, ich weiß es nicht.« »Ihnen!« – »Mir?« Der Bruder wird ganz rot vor Freude. »Mir? Sie haben an mich gedacht?« Er findet kaum Worte. »Ach ja«, sagt der Bauer glücklich, »wir sprechen so oft miteinander, und ich brauche so oft Ihre Hilfe, warum soll ich Ihnen nicht mal eine Freude machen?« Und die Freude, die er im Gesicht des anderen sieht, die macht ihn selbst innerlich froh.
Der Bruder Pförtner legt die Weintraube vor sich hin. Ach, die ist viel zu schön, um etwas davon abzupflücken. Den ganzen Nachmittag erfreut er sich an ihrem Anblick. Dann hat er eine Idee: »Wenn ich die jetzt unserem Vater Abt schenke, was für eine Freude wird der haben!« Und der Bruder gibt die Traube weiter.
Der Abt freut sich wirklich. Und als er abends einen kranken Mitbruder in seinem Zimmer besuchen will, da kommt ihm der Gedanke: »Den kannst du sicher mit dieser Traube frohmachen.« So wandert die Traube weiter. Und sie bleibt nicht bei dem Kranken.
Schließlich bringt sie ein Mönch wieder zum Bruder Pförtner, um ihm eine Freude zu machen. Er wußte natürlich nicht, daß die Weintraube von ihm ausgegangen war.
So hatte sich der Kreis geschlossen: Ein Kreis der Freude.

In jener Zeit kam einer zu Jesus und begann zu fragen: »Meister, wir alle wissen, daß du von Gott kommst und die Wege der Wahrheit lehrst. Aber was deine Jünger angeht, dein Gefolge oder deine Gemeinde, wie du das nennen magst – so muß ich gestehen, daß mir das nicht besonders zusagt, im Gegenteil. Erst kürzlich hatte ich wieder eine heftige Auseinandersetzung mit einem deiner Getreuen. Und wie jeder weiß, sind sich deine Jünger untereinander auch nicht immer einig. Ich möchte deshalb ganz offen fragen: Kann man nicht auch so zu dir gehören, ich meine: ohne besondere Beziehungen mit deinen sogenannten Anhängern zu unterhalten? Ich möchte dir schon folgen und sozusagen ein Christ sein, aber ohne die sogenannte Gemeinde, ohne Kirche und all das...!?«

Da sah ihn Jesus aufmerksam an. »Hör zu«, sagte er dann, »ich will dir eine Geschichte erzählen:

Da waren ein paar Männer, die saßen eines Tages im Gespräch zusammen. Als nun der Abend kam und die Dunkelheit hereinbrach, trugen sie Holz herbei zu einem Holzstoß und entfachten ein Feuer. Da saßen sie miteinander, die Glut des Feuers wärmte sie, und der Schein der Flammen erhellte ihre Gesichter.

Da war aber nun einer unter ihnen, der wollte nicht länger im Kreis bei den anderen sitzen, sondern für sich allein. So nahm er einen brennenden Holzspan vom gemeinsamen Feuer und setzte sich damit abseits, fern von den andern. Der glimmende Span leuchtete auch ihm und strahlte Wärme aus. Bald aber ließ die Glut nach, und der alleinsitzende Mann spürte erneut die Dunkelheit und die Kälte der Nacht. Da besann er sich und nahm das schon erkaltete Stück Holz und trug es zurück in die Glut des großen Feuers, wo es sich erneut entzündete und Feuer fing und zu brennen begann. Und der Mann setzte sich wieder in den Kreis der andern. Er wärmte sich auf, und der Schein der Flammen erhellte sein Gesicht.«

Und Jesus fügte hinzu: »Wer zu mir gehört, ist dem Feuer nahe. Ja, ich bin gekommen, um das große Feuer auf der Erde zu entzünden, und wie sehr sehne ich mich danach, es hell auflodern zu sehen!«

Als Gott nach der Erschaffung der Welt voller Wohlgefallen sein Werk und die Freude der Geschöpfe betrachtete, bemerkte er nur ein Wesen, das traurig und schweigsam dalag: das unschuldige Lamm.

Gott sah das Leid des niedergeschlagenen Tieres und fragte: »Was fehlt dir?« »Ach«, erwiderte das Lamm seufzend, »ich bin schwach und hilflos, den Mißhandlungen der anderen Tiere ausgesetzt! Warum gabst du mir keine Waffen zur Verteidigung? Die anderen haben spitze Hörner oder scharfe Klauen, kräftige Rüssel oder giftige Zähne. Sie können in die Luft entfliehen, schnell weglaufen oder in die Tiefe tauchen. Nur ich bin schutzlos der Willkür meiner Feinde ausgeliefert!«

Die Klage rührte Gott. Er sprach: »Nun gut, ich überlasse dir die Wahl: Verlangst du Krallen oder scharfe Zähne, womit du alles, was dir nahe kommt, zerfleischen und vernichten kannst!?«

»Ach nein, mein Herr und Vater«, antwortete das Lamm, »nicht eine dieser gefährlichen Waffen wünsche ich! Ich liebe den Frieden! Ich bitte dich um solche Waffen, die mich das zugefügte Unrecht vergessen lassen oder mein Leid erträglich machen!«

»Gut«, gab Gott zur Antwort, »ich gebe dir drei der kräftigsten Waffen, mit denen du im Unglück nicht verzweifeln wirst. Ich schenke dir: Sanftmut, Hingebung und Geduld!«

Der Kompromiß

Es war Juni. Voll ausgewachsen und dunkelgrün schwankte das Blatt im Winde.
An einem Vormittag – die Vögel hatten gerade aufgehört, den Morgen zu besingen – kitzelte das Blatt etwas an seinem Stiel. Eine Raupe balancierte über den grünen Steg und sagte ein wenig erschöpft: »Guten Tag.«
Nach den üblichen Höflichkeiten unterhielten sie sich über das Wetter, bis das Blatt schließlich fragte: »Was führt dich eigentlich her?«
Die Raupe verlegen: »Ja, ich wollte... ich möchte...« Dieser Satz schien kein Ende zu haben. So begann die Raupe einen neuen. »Ich habe eine große Bitte an dich. Du bekommst jeden Morgen von dem Baum deine Nahrung, du mußt sie dir nicht suchen. Ich aber habe es gar nicht so leicht, immer etwas Eßbares zu finden. Ja – und deshalb bin ich hier.«
»Wenn ich dir helfen könnte, würde ich es sofort tun«, gab das Blatt mitfühlend zur Antwort. »Doch ich habe meinen festen Platz auf diesem Baum – ich kann dir nicht suchen helfen.«
»Du hast ein so schönes grünes Kleid«, sprach vorsichtig die Raupe. Das Blatt wiegte geschmeichelt sein dunkles, gleichmäßiges Grün. »Wenn ich ein ganz kleines Stück von deinem Gewande essen dürfte?« Im ersten Moment glaubte das Blatt, es habe falsch verstanden. Doch als es die Raupe ansah, wußte es, daß es richtig gehört hatte. Langsam atmete das Blatt aus und dachte nach: »Die Raupe ist hungrig und müde. Aber soll ich für sie ein Stück meines einzigen Kleides hergeben?«
Es war ein schwerer Entschluß, bis ihm etwas klar wurde: Sagte es nein, dann würde die Raupe vor Hunger doch etwas von dem Gewand essen. Das Blatt könnte es nicht verhindern. Sagte es aber ja, dann würde der Raupe geholfen, und das Blatt hätte noch Freude an der Dankbarkeit. Schließlich konnte man ja auch mit einem Loch im Kleid leben. Das Blatt sagte ja, die Raupe wurde satt und blieb noch auf ein dankbares Schwätzchen.
Im Herbst konnte das Blatt mit Loch auf ein bewegtes, glückliches Leben zurückblicken. Mit herrlichen Farben empfing es das endgültige Alter und fiel schaukelnd zur Erde.

Fabel von der Möwe

»Du bist widerlich«, sagten die Möwen, die auf der grünen Uferwiese nebeneinander saßen, zu der einen. »Alle stellen wir uns mit den Schnäbeln zum Wind. Nur du als einzige machst es umgekehrt.« »Wenn es mir nun mal Spaß macht«, erwiderte die eine. »Schadet's euch?« »Du zerreißt unsere Gemeinschaft!« warfen sie ihr vor und schauten weiterhin dem Wind entgegen. Nur die eine machte es umgekehrt.
Da schlich eine Katze an durch das Gebüsch, erspähte die Vögel, prüfte den Wind, der ihr günstig war, und duckte sich zum Sprung. Die eine sah sie. »Gefahr! Flieht!« schrie sie. Da stob der ganze Möwenschwarm auf.
»Du bist ein ekelhafter Individualist«, schimpften sie die eine, mit der sie gemeinsam davonflogen.

Sie wohnt am Rand der Stadt in einer miserablen Hütte: durchlöchertes Dach, drei Möbelstücke in zwei winzigen Zimmern, drei kleine Kinder, dem Hungertod nahe. Die Frau personifizierte die totale Verzweiflung und Resignation, als sie von einer aktiven Laiengruppe aufgespürt wurde, welche die Familie (der Mann war vor vier Monaten davongelaufen) langsam wieder mit dem Allernötigsten versorgte.
Eines Tages konnte ich selber einen kurzen Besuch machen. Ich brachte als Geschenk eine Schachtel Zündhölzer mit.
Frau Fortuné weinte vor Freude und sagte: »Pater, jetzt kann ich nachts, wenn die Kleine weint, wieder Licht machen und nachsehen, was ihr fehlt!«

Da war einmal ein guter Mensch. Er hatte Mitleid mit dem häßlichen Gewürm der Raupen, wie sie sich Stunde für Stunde vorwärts plagten, um mühselig den Stengel zu erklettern und ihr Fressen zu suchen – keine Ahnung von der Sonne, dem Regenbogen in den Wolken, den Liedern der Nachtigall! Und der Mensch dachte: Wenn diese Raupen wüßten, was da einmal sein wird! Wenn diese Raupen ahnten, was ihnen als Schmetterling blühen wird: Sie würden ganz anders leben, froher, zuversichtlicher, mit mehr Hoffnung. Sie würden erkennen: Das Leben besteht nicht nur aus Fressen, und der Tod ist nicht das letzte.
So dachte der gute Mensch, und er wollte ihnen sagen: Ihr werdet frei sein! Ihr werdet eure Schwerfälligkeit verlieren! Ihr werdet mühelos fliegen und Blüten finden! Und ihr werdet schön sein!
Aber die Raupen hörten nicht. Das Zukünftige, das Schmetterlinghafte ließ sich in der Raupensprache einfach nicht ausdrücken.
Er versuchte, Vergleiche zu finden: Es wird sein wie auf einem Feld voller Möhrenkraut...
Und sie nickten, und mit ihrem Raupenhorizont dachten sie nur ans endlose Fressen.
Nein, so ging es nicht.
Und als der gute Mensch neu anfing: Ihr Puppensarg sei nicht das letzte, sie würden sich verwandeln, über Nacht würden ihnen Flügel wachsen, sie würden leuchten wie Gold – da sagten sie: Hau ab! Du spinnst! Du hältst uns nur vom Fressen ab! – Und sie rotteten sich zusammen, um ihn lächerlich zu machen.

Vor langer Zeit lebte in Nordchina ein alter Mann. Sein Haus zeigte nach Süden, und vor seiner Haustür ragten die beiden großen Gipfel des Taihung und des Wangwu empor. Sie versperrten den Weg nach Süden. Entschlossen machte sich der Alte mit seinen Söhnen an die Arbeit: Sie wollten die Berge mit der Hacke abtragen.
Der Nachbar des alten Mannes sah das und schüttelte den Kopf. »Wie närrisch ihr doch seid«, rief er, »es ist vollkommen unmöglich, daß ihr die gewaltigen Berge abtragen könnt!«
Der alte Mann lächelte weise, dann sagte er: »Wenn ich sterbe, dann werden meine Söhne weitermachen. Wenn meine Söhne sterben, werden die Enkel weitermachen. Die Berge sind zwar hoch, aber sie wachsen nicht weiter. Unsere Kräfte jedoch können wachsen. Mit jedem Stückchen Erde, das wir abtragen, kommen wir unserem Ziel näher. Es ist besser, etwas zu tun, als darüber zu klagen, daß uns die Berge die Sicht auf die Sonne nehmen.«
Und in unerschütterlicher Überzeugung grub der Alte weiter. Das rührte Gott. Er schickte zwei seiner Boten auf die Erde, die beide Berge auf dem Rücken davontrugen.

Willi Hoffsümmer

Fragen des menschlichen Lebens

In diesem Band sind die wesentlichen Fragen des menschlichen Lebens in Form von Geschichten und zugeordneten Bildern wie in einem Brennglas eingefangen:
Damit unser Leben sinnvoll wird, brauchen wir zunächst einen Sinn des Lebens. Die Spinne verkennt ihn (S. 6) und beißt den Lebensfaden ab. Der »Faden nach oben« ist unsere Anbindung an Gott; heißt doch »Religion« übersetzt: sich binden an einen! Dann gewinne ich einen Standpunkt, von dem aus ich mir die ganze Welt erobern kann.
Erforderlich ist es auch, die »richtige Brille« aufzusetzen, um alle Gegebenheiten einzuordnen. Letztlich ist alles in unserem Leben Geschenk, auch wenn ich anscheinend benachteiligt beginnen muß wie der knorrige, verwachsene Baum, der seine Wurzeln in Felsritzen gekrallt hält (S. 8). Ob ein Mensch glücklich ist, entscheidet auch nicht seine soziale Stellung (S. 10).
Auch alles Leid ist eine Herausforderung, die es richtig einzuordnen gilt (S. 12). Oft eine fast unlösbare Aufgabe. Aber es ist ein tiefes, christliches Geheimnis: Aus Leid und Geduld kann Segen werden (S. 14). »Die kostbare Perle« Jesus Christus hat es uns vorgelebt: durch Leid zum Heil.
Die »richtige Brille« brauchen wir auch, um die kleinen Dinge am Wege zu sehen. Eine Vorbedingung dazu ist die Erfahrung der Stille (S. 16), die alle Sinne läutert. Dann kann ich auch wieder staunen: über das Wasser (S. 18) oder den Wert des Brotes (S. 20). Dann habe ich die Chance, mit dem Herzen zu sehen: den Schöpfer in der Natur (S. 22) und den Nächsten – selbst in einer Bettlerin (S. 24).

Ob ich im Leben glücklich und zufrieden sein kann, hängt von meinem Verhältnis zur Gemeinschaft ab: Bin ich ein Egoist oder fähig, mich unter- und einzuordnen? Wie Odysseus stehe ich oft am Scheideweg: einsam oder gemeinsam (S. 26)?

Das Wesentliche für den Christen ist es, die Liebe Gottes, die er empfängt, weiterzugeben: Im Bild der Sonne begegnet uns der Urquell allen Lebens (S. 28). Auch wir können im Schenken einen Kreislauf der Freude auslösen (S. 30). Ja, bis in die Kirche hinein ist die Gemeinschaft lebenswichtig (S. 32).

Wenn die Gemeinschaft unter uns und in den Häusern stimmt, schließt sich hier die Frage des Friedens an. Hätten doch mehr Menschen die Bereitschaft des Lammes (S. 34)! Manchmal bleibt natürlich »nur« der Kompromiß (S. 36). Friede beginnt auch da, wo ein Außenseiter anders sein darf (S. 38). Sind aber nur Scherben einer Gemeinschaft vorhanden – auch international gesehen –, schreien Not und Armut (S. 40) zum Himmel.

Wem das Geschenk des Glaubens zuteil wurde, der hat den langen Atem: Er weiß um seine große Zukunft, das eigentliche Leben – in der österlichen Parabel im Schmetterling umschrieben. Noch aber kriechen wir zu oft durch den Staub dieser Erde (S. 42).

Der Kreis schließt sich: Selbst wenn von den göttlichen Tugenden Glaube und Liebe nicht vorzufinden sind, bleibt die Hoffnung. Sie ist in irgendeiner Form nie aus den Herzen der Menschen zu reißen (S. 44).

Quellenhinweise

Abbildungen: Wilhelm Hannich (7, 25); Klaus Schmidt (9, 13, 33); Peter Raba (11, 15, 17, 19, 35, 45); Gottfried Wagner (21, 31, 37, 43); Margret Hankel (27); Peter F. Bock (29, 39); Fritz Rauschenbach (41).

Texte: Ein Baum erzählt (8), aus: Kölner Ministrantenkurier Nr. 4/83, S. 17, Erzbischöfl. Jugendamt Köln; Der Prinz (10), aus: Bertolt Brecht, Gesammelte Werke. © Suhrkamp Verlag, Frankfurt am Main 1967; Das Leiden (12), aus: Martin Buber, Die Erzählungen der Chassidim, Manesse Verlag, Zürich 1949; Die kostbare Perle (17), gekürzt von Dr. Peter Frowein, Bonn; Noch staunen können (18), verkürzt nach: Antoine de Saint Exupéry, Romane/Dokumente, Karl Rauch Verlag, Düsseldorf 1966; Schenken macht nicht ärmer (28), aus: Gianni Rodari, Gutenachtgeschichten am Telefon. Verlag K. Thienemanns, Stuttgart, 3. Aufl. 1967, S. 80; Das Feuer (32), aus: Lothar Zenetti, Die wunderbare Zeitvermehrung. Variationen zum Evangelium, Verlag J. Pfeiffer, München 1983, 2. Aufl., S. 159f; Der Kompromiß (36), aus: Tilman Röhrig, Der angebundene Traum, Arena Verlag, Würzburg 1982.